LUCIEN WOLF

LES MARRANES

OU

CRYPTO-JUIFS DU PORTUGAL

PARIS
ALLIANCE ISRAÉLITE UNIVERSELLE
45, rue La Bruyère
1926

LUCIEN WOLF

LES MARRANES

OU

CRYPTO-JUIFS DU PORTUGAL

PARIS
ALLIANCE ISRAÉLITE UNIVERSELLE
45, rue La Bruyère
1926

LES MARRANES
OU
CRYPTO-JUIFS DU PORTUGAL

M. Lucien Wolf, secrétaire du Joint Foreign Committee of the Jewish Board of Deputies and the Anglo-Jewish Association, *de Londres, qui avait bien voulu se rendre au Portugal au nom de l'*Alliance Israélite Universelle *et de l'*Anglo-Jewish Association *pour y étudier la question des Marranes, a adressé à ces deux Sociétés le rapport qu'on trouvera reproduit ci-dessous :*

Un appel lancé en janvier 1925 par la Communauté israélite de Lisbonne provoqua une vive attention : il s'agissait de recueillir des fonds pour la création d'une école juive destinée aux enfants des Marranes ou crypto-juifs du Portugal, dont un grand nombre, disait-on, résidaient dans les provinces du Nord de ce pays et y pratiquaient une manière de judaïsme. L'appel évoquait des souvenirs historiques auxquels aucun juif ne saurait demeurer insensible, et était d'autant plus impressionnant que peu de nos coreligionnaires en dehors du Portugal et de l'Espagne connaissaient la survivance de descendants de ces Marranes, qui avaient joué un rôle si éminent et si tragique dans l'histoire des juifs aux XVIe et XVIIe siècles. Cependant ce n'était pas une révélation absolue : de mystérieux visiteurs de la synagogue de Lisbonne avaient obtenu ici et là des confidences ; des voyageurs attentifs avaient recueilli des impressions rapides. De plus, en 1903, M. Cardoso de Béthencourt avait publié un rapport sur les Marranes modernes du Portugal (1). Etabli d'après des documents de seconde main, il n'en contenait pas moins par anticipation les grandes lignes des récentes découvertes et il préconisait un effort en vue de ramener les Marranes au vrai judaïsme.

L'appel de la Communauté de Lisbonne donna lieu à de nouvelles investigations ; elles furent menées sur place par un ingénieur des mines d'origine judéo-polonaise, M. Samuel Schwarz, qui dirige des entreprises minières au cœur de la région marrane. M. Schwarz a réussi à recueillir l'aveu de leur judaïsme de nombre d'habitants des petites villes du bassin minier de la Serra da Estrella, en particulier Belmonte, Guarda et Covilhã ; il a pu, à différentes reprises, assister à leurs cérémonies secrètes, et il a eu la bonne fortune d'obtenir d'eux une collection manuscrite de leurs prières en portugais, auxquelles il a pu en ajouter d'autres qui ne s'étaient conservées que par tradition orale. Les recherches de M. Schwarz ont eu pour résultat d'établir de façon certaine que le marranisme existe encore, bien que sous une forme quelque peu dégénérée (2). La Communauté israélite de Lisbonne a considéré qu'elle avait le devoir d'entreprendre quelque chose pour arrêter la disparition de cette intéressante survivance et pour reconstituer, si possible, les Marranes en une communauté juive organisée, sous une forme digne de leur glorieuse histoire. C'est dans ces conditions qu'elle demanda au judaïsme mondial de l'aider à fonder une école pour les enfants marranes : c'était, à ses yeux, le moyen le plus pratique pour la réalisation de ses desseins.

Le projet fut accueilli avec sympathie par les grandes associations juives auxquelles il avait été soumis. L'*Alliance Israélite* et l'*Anglo-Jewish Association* estimèrent qu'en tout état de cause, il convenait de procéder à une enquête. La question soulevait des problèmes importants et délicats, et n'était pas aussi simple qu'elle était présentée par la Com-

---

(1) Dans *Jewish Quarterly Review*, vol. xxv, pp. 260, sqq.
(2) Schwarz : *Os Cristãos — Novos em Portugal no Século XX*, Lisbonne 1925.

munauté de Lisbonne. On pensa qu'il y avait lieu de l'examiner sur place et de confier cet examen à une personne familiarisée avec la façon de voir des sociétés juives qui ont établi des institutions scolaires en pays étranger et qui ont le sentiment de leurs responsabilités. L'*Alliance Israélite* et l'*Anglo-Jewish Association*, avec le concours de la Communauté hispano-portugaise de Londres, me firent l'honneur de me confier cette mission. Je quittai Londres pour Lisbonne le 5 janvier 1926 et je passai quatre semaines au Portugal. Au cours de ce séjour, je visitai plusieurs des villes où il existe des survivances des anciennes communautés marranes, notamment Guarda, Belmonte, Caria, Covilhão, Coimbre et Oporto. A Lisbonne, je discutai la question, non seulement avec les chefs de la communauté juive, mais encore avec un certain nombre de personnalités politiques et littéraires qui ne sont ni juives ni marranes, parmi lesquelles je citerai le Président de la République et le premier ministre.

Les origines historiques

Un court aperçu de l'histoire du marranisme au Portugal s'impose si l'on veut comprendre la condition présente des Marranes, le problème qu'ils soulèvent et les titres particuliers qu'ils ont à la sympathie et à l'intérêt de la masse de leurs coreligionnaires des autres pays. Ces titres se recommandent avec une force toute spéciale à l'attention des communautés *sefardites* de l'Europe occidentale et de l'Amérique, comme aussi à quelques groupements *sefardites* d'Italie.

Le nom de Marrane est appliqué, avec une exactitude douteuse, par des historiens juifs, aux juifs espagnols et portugais qui, au temps de l'expulsion en masse d'Espagne en 1492 et des terribles persécutions du Portugal en 1496, acceptèrent l'alternative du baptême et ne cessèrent, par la suite, de pratiquer secrètement le judaïsme. Il faut toutefois établir une distinction entre les Marranes d'Espagne et ceux du Portugal. Pour les premiers, l'acceptation du christianisme était un acte volontaire. Bien plus, l'Inquisition sévissait déjà en Espagne au moment de leur expulsion ; par suite, les malheureux « néo-chrétiens », — c'est ainsi qu'on les désignait, — furent l'objet, dès le début, d'une surveillance impitoyable. Leur crypto-judaïsme fut, au cours des ans, pourchassé avec une telle rigueur que, vers 1560, il était totalement extirpé. L'examen attentif des procès de l'Inquisition nous montre que lorsque, dans nos lectures, il est question de Marranes espagnols à une époque ultérieure, il s'agissait, dans la plupart des cas, d'immigrants portugais ou de leur descendance.

La destinée des Marranes du Portugal fut tout différente. Ils se composaient en partie des descendants des anciennes communautés juives portugaises qui, antérieurement à 1496, avaient mené une existence relativement heureuse ; en partie, d'un contingent d'environ 100.000 exilés d'Espagne qui, en 1492, avaient, à la suite de négociations, trouvé un refuge au Portugal. En 1496, le roi du Portugal, sous l'influence de l'Espagne, décréta à son tour l'expulsion de ses juifs, et, par un raffinement de cruauté que Ferdinand et Isabelle n'avaient jamais imaginé, il ordonna que les enfants au-dessous de 14 ans fussent retenus et baptisés. Par une mesure ultérieure, il contraignit les adultes à embrasser le christianisme. Sous divers prétextes, l'exécution du décret d'expulsion fut ajournée jusqu'à l'expiration du délai-limite, et alors la totalité de la population juive fut entraînée au baptême. A la différence des juifs d'Espagne, il n'y avait pour eux d'autre issue que l'esclavage. Cette mesure barbare fut heureusement tempérée par une concession. Le roi don Manuel comprit qu'il était déraisonnable de penser que le baptême pût produire tout d'un coup des chrétiens sincères ; aussi, dans l'espoir que les nouveaux convertis s'habitueraient au christianisme avec le temps, il promulgua un décret stipulant que, pendant un laps de vingt ans, ils ne sauraient être inquiétés pour cause de religion. Ce décret fut ensuite renouvelé, et les Marranes jouirent de leur immunité jusqu'à l'introduction de l'Inquisition, en 1537. Le résultat n'avait pas tout à fait répondu à l'attente du souverain. Au lieu que le christianisme gagnât progressivement les convertis, leur crypto-judaïsme s'affirma et s'affermit. C'est au cours de ces années que les Marranes portugais jetèrent les bases de ce judaïsme secret inébranlable qui, par la suite, leur donna la force de soutenir, deux siècles et demi durant, une lutte à nulle autre pareille contre l'Inquisition. Aussi bien c'est précisément cela qui nous donne la clé de l'intéressante survivance qui fait l'objet de ce rapport ; elle n'a pas sa contre-partie en Espagne.

C'est pendant cette période que les Marranes consolidèrent leur établissement dans les provinces nord de Traz-os-Montez, Beira et Entre Minho-e-Douro, où l'on retrouve aujourd'hui le plus grand nombre de leurs descendants. Il y avait eu de tout temps des communautés juives dans cette région, mais elles devinrent beaucoup plus nombreuses après 1492. Lorsque, cette année-là, les exilés d'Espagne vinrent au Portugal, ils se fixèrent dans les villes-frontière qui leur furent désignées. Trois d'entre elles, Bragance, Miranda et Villar Formoso, constituaient le passage vers Traz-os-Montez et Beira ; c'est par là que passèrent au moins 68.000 des 100.000 exilés pour aller dans le *hinterland* et se répandre vers la mer, à Oporto. Après le massacre de Lisbonne de 1506, ces contingents reçurent un appoint du Sud, et les trois provinces septentrionales devinrent un véritable pays marrane. Ce fait ressort de l'examen des statistiques que présentent les dossiers de la première Inquisition. Je n'ai pas été à même de parcourir tous ces documents, mais je trouve que, pour les 29 années qui s'écoulent entre 1507 et 1595, le nombre de Marranes figurant sur les actes d'auto-da-fés du tribunal de Coimbre, dont la juridiction s'étendait sur les provinces nord, fut de 958, provenant de 98 villes et villages de Traz-os-Montez et Beira. En outre, les tribunaux de Lisbonne et Evora jugèrent des prisonniers marranes arrêtés dans 28 autres localités du département oriental (Bragance) de Traz-os-Montez. A la fin du XVIe siècle, il y avait donc au moins 126 communautés de Marranes combattant dans ces provinces pour leur foi et leur vie.

La lutte avec l'Inquisition commença en 1540, lorsque, par plusieurs bulles et brefs du pape, le Saint-Office obtint pour la première fois pleins pouvoirs au Portugal. Pendant la période où ils avaient été à l'abri de la persécution religieuse, les Marranes avaient vécu dans une grande prospérité. Les provinces du Nord étaient devenues, grâce à eux, un foyer d'activité économique ; à Lisbonne, ils fournissaient au roi tous les capitaux nécessaires pour favoriser l'essor des Indes. En même temps, ils assuraient la répartition, dans toute l'Europe, des métaux précieux, des diamants et des épices que les navigateurs portugais rapportaient du nouvel Eldorado. Ils acquirent de ce fait, non seulement une force considérable, mais une grande influence politique, de sorte que, quand furent soumises à Rome les trente premières propositions tendant à l'établissement de l'Inquisition au Portugal, ils étaient de taille à contrecarrer le projet. Ils possédaient d'admirables ressources financières et diplomatiques, et ce fut d'une façon purement accidentelle que la lutte tourna contre eux en 1537. Il fallut trois ans pour que l'Inquisition de Lisbonne eût son premier auto-da-fé. A partir de ce moment, ni l'argent, ni l'influence politique ne comptèrent. L'Inquisition s'exerça avec une férocité que les tribunaux espagnols eux-mêmes n'ont guère pratiquée. Entre 1540 et 1780, elle organisa plus de 600 *auto-da-fés*, et on a calculé que, jusqu'à 1732, elle condamna 24.522 malheureux hérétiques, Marranes pour la plupart, dont 1.454 montèrent sur le bûcher. Cette estimation est inférieure cependant à la réalité, car les archives de Lisbonne contiennent plus de 40.000 dossiers de procès d'Inquisition pour la période allant jusqu'à 1780. Les Marranes du Nord souffrirent terriblement, et leur ruine entraîna celle du Portugal lui-même. Le fameux homme d'Etat Louis da Cunha, dans son testament politique, dénonce comme un des ravages causés par l'Inquisition le dépérissement des villes marranes de Bragance, Lamego, Guarda, Fundão et Covilhão. Jamais, malgré tout, l'Inquisition ne parvint à détruire le marranisme. Nous avons rapporté plus haut qu'entre 1567 et 1595, le tribunal de Coimbre, dont la juridiction ne s'étendait que sur les provinces du Nord, avait jugé 958 Marranes ; ils avaient été condamnés aux galères ou aux marais pestilentiels des colonies ; d'autres avaient été internés à vie dans les cellules du Saint-Office ou envoyés au bûcher. Ce système de persécutions continua de sévir pendant des années et, entre 1637 et 1653, les mêmes provinces eurent encore 226 martyrs. Je n'ai pas entre les mains les autres procès de Coimbre : mais je relève que le tribunal de Lisbonne condamna, en 1746, six Marranes de Guarda, 16 de Fundão, 21 de Covilhão, 7 de Monsanto;

entre 1749 et 1752, 55 Marranes de Bragance ; de 1753 à 1755, le tribunal d'Evora en condamnait encore 12 de la dernière ville. Vingt ans plus tard, l'Inquisition cessait en fait. Les renseignements que j'ai recueillis montrent avec quelle ténacité les vaillants Marranes — tout douloureusement amputés et décimés qu'ils fussent — tinrent haut jusqu'au bout le drapeau du judaïsme. Les juifs d'Europe et d'Amérique doivent beaucoup à cet exemple d'héroïsme.

Il est un autre aspect de cette formidable lutte qu'il convient de retenir ici ; aussi bien il met directement en relief les titres des Marranes d'aujourd'hui à la sollicitude des communautés *sefardites* d'Europe et d'Amérique. Les Marranes des provinces du Nord qui disparurent entre 1540 et 1780 ne passèrent pas tous par les tribunaux de l'Inquisition. Un grand nombre d'entre eux dépouillèrent leur judaïsme et devinrent de fervents catholiques. Ils constituent aujourd'hui la grande masse de la population de Traz-os-Montez et de Beira. En dépit de leur christianisme incontestable, on continue à les appeler néo-chrétiens, parfois même juifs. Telles localités, comme Pinhel, par exemple, où il n'y a pas actuellement un seul Marrane, sont encore qualifiées de localités juives.

Ce ne fut cependant pas la seule cause de l'affaiblissement progressif de la collectivité marrane. L'émigration y eut aussi sa large part. En 1499, défense fut faite aux néo-chrétiens de quitter le pays. Cela n'empêcha pas les riches — et même de pauvres gens — de trouver les moyens d'échapper à la loi. A la veille de l'institution de l'Inquisition, en 1540, plusieurs bateaux chargés de Marranes firent route vers Anvers par Madère ; d'autres se dirigèrent vers Salonique. Pendant longtemps aussi, l'Italie fut l'objectif des réfugiés ; leur venue était encouragée par les papes et par les princes italiens qui étaient désireux d'utiliser leur fortune et leurs aptitudes commerciales. De nombreux rapports sur les communautés marranes du Portugal établies à Ferrare, Venise, Turin et Gênes se trouvent parmi les documents de l'Inquisition de Lisbonne relatifs aux dernières décades du XVIe siècle. L'un d'entre eux donne une liste de 28 familles échappées de Coimbre et qui professaient ouvertement le judaïsme à Ferrare. C'était en 1578. Toutefois, le grand mouvement d'émigration, celui qui atteignit le plus profondément les Marranes, et qui eut la plus grande répercussion sur la répartition générale des juifs dans l'Ouest et le Nord de l'Europe, eut lieu entre 1580 et 1640. C'était alors la période de domination espagnole ; il était facile à des Portugais de passer la frontière pour se rendre en Espagne. Le Portugal était, à ce moment, quasi-ruiné du fait de l'Inquisition et de la mauvaise administration de l'Espagne. Les Marranes, qui avaient encore de grandes ressources, songèrent à les mettre en œuvre dans les pays riches. Beaucoup d'entre eux pénétrèrent en France par la frontière nord. Il leur avait fallu prodiguer l'argent pour s'assurer les complicités officielles nécessaires, en particulier pour se protéger contre l'Inquisition espagnole, mais ce ne fut pas une dépense vaine. Les Marranes se fixèrent d'abord dans les ports français au nord des Pyrénées ; ils pouvaient, de là, poursuivre leurs opérations commerciales avec l'Espagne. Avec le temps, ils continuèrent leur route vers le Nord, et c'est ainsi que se constituèrent les communautés *sefardites* de Bayonne, Bordeaux, La Rochelle, Nantes, Rouen, Londres, Ostende, Amsterdam, Rotterdam, Hambourg, et d'autres encore. Quelques-unes de ces communautés ont maintenant disparu ; mais d'autres, qui ont été créées exclusivement par ces Marranes portugais, comme celles de Bordeaux — d'où Paris reçut ses premiers *sefardim*. — Londres et Amsterdam, sont toujours florissantes. L'émigration se poursuivit après 1640 jusqu'au commencement du XIXe siècle. Les Indes occidentales et New-York doivent la fondation de leurs juiveries à ce mouvement. En 1795 encore, il y avait des membres de la Communauté *sefardite* de Londres qui s'étaient enfuis du Portugal pour échapper à la tyrannie du Saint-Office. Le fait est constaté dans leurs certificats d'étrangers conservés dans les archives de Bevis Marks.

Parmi ceux qui, hommes et femmes, avaient donné comme motif de leur arrivée en Angleterre le désir de « se soustraire à la persécution de l'Inquisition », on trouve des noms comme Daniel, David, Raphaël et Sarah Rodrigues Brandon, tous nés à Vizen, dans le Traz-os-Montez ; Samuel Paz Cardozo, de Bragance ; Salomon Favio Furtado, de Coimbre ; Rachel Henriques, de Covilhão ; Esther do Valle, épouse de David Montefiore, née à Santarem ; Isaac Penha, de Lisbonne, qui, dans sa déclaration, ne mentionne pas seulement qu'il voulut fuir l'Inquisition, mais ajoute ce détail tragique : « Ma mère a été brûlée vive pour le judaïsme. »

L'Inquisition ne fut abolie au Portugal qu'en 1821 ; mais les souffrances des Marranes avaient heureusement pris fin plus tôt. Entre 1768 et 1774, le marquis de Pombal, le grand homme d'Etat portugais, introduisit toute une série de réformes qui détruisaient en fait toute la puissance malfaisante du Saint-Office en ce qui concerne les néo-chrétiens. Le résultat en fut que, lors des derniers procès, en 1781, aucun Marrane ne figurait plus parmi les victimes. Il semble que ce revirement eût dû provoquer de leur part quelque grande manifestation d'adhésion ouverte au judaïsme. C'est le contraire qui fut le cas. Comme par un effet de magie noire, les Marranes semblèrent disparaître tout d'un coup de la vie portugaise, car, depuis cette époque, on n'entendit plus guère parler d'eux ; et quand il en fut à nouveau question il y a quelque vingt-trois ans, c'est à peine si l'on y prêta quelque attention. Tout cela s'explique en partie par le fait que, malgré l'agonie de l'Inquisition, l'Eglise d'Etat subsistait puissante et conservait tous ses anciens privilèges de juridiction sur ses enfants baptisés. C'est ainsi que les nationaux portugais ne pouvaient, sans s'exposer à de lourdes pénalités, renoncer à « la religion apostolique, catholique et romaine » ; cette législation demeura en vigueur jusqu'à la Révolution de 1910. Cela ne suffirait pas, malgré tout, à expliquer l'extraordinaire torpeur qui pesa sur la collectivité marrane : car, si son ancienne combativité avait survécu, elle aurait assurément trouvé des moyens pour lutter contre ce dernier obstacle et pour consommer avec ses frères juifs une union dont le rêve l'avait soutenue pendant près de deux siècles de destinée tragique.

Les Marranes d'aujourd'hui

La vérité est que les réformes de Pombal trouvèrent les Marranes épuisés par leurs longues luttes et heureux d'être affranchis de la terreur quotidienne de l'Inquisition, dussent-ils rester condamnés à pratiquer leur religion en secret,

L'épuisement était d'ordre à la fois spirituel et matériel. La défection d'un grand nombre de néo-chrétiens, la mort sur le bûcher et aux galères des victimes de la persécution, l'exode de milliers de Marranes vers les pays du Nord et de l'Ouest, avaient réduit cette population à n'être guère plus qu'une poignée. L'émigration avait emporté avec elle le meilleur de leur sang, de leur intelligence, et, en fait, toute la fortune qui avait échappé aux confiscations de l'Inquisition. Quelques dizaines d'années avant 1774, les Marranes du Portugal gardaient encore le contact avec leurs parents de Bordeaux, Londres, Amsterdam, et les testaments des juifs portugais fortunés de Londres attestent qu'il n'y avait pas encore oubli complet entre les uns et les autres. Mais au bout de quelques générations, ces relations se ralentirent de plus en plus, et, vers la fin du XVIIIe siècle, l'isolement des Marranes fut presque absolu. Toute leur combativité se concentrait dans la pratique de leur religion secrète. L'histoire juive s'estompa dans leurs souvenirs. L'espoir d'une union avec les autres juifs disparut si effectivement qu'ils en vinrent à considérer les survivances de leurs prières et de leurs cérémonies comme le seul vrai judaïsme ; le secret de leurs services religieux leur apparut, non plus comme un expédient temporaire durant leur captivité, mais comme étant le fond et l'essence de la religion juive telle qu'ils la comprenaient. Les autres juifs leur semblaient être des hérétiques. Ce fait curieux explique pourquoi, lorsque la Révolution de 1910 les affranchit de la juridiction de l'Eglise, un seul d'entre eux saisit cette occasion pour rentrer dans le giron du judaïsme et pour faire publiquement profession de juif.

Les Marranes d'aujourd'hui, tels que les a retrouvés M. Schwarz, portent les signes évidents de cette décadence qui s'est poursuivie pendant plus d'un siècle et demi. M. Schwarz pense non sans raison que si l'on n'y remédie pas bientôt, toute trace de judaïsme aura disparu parmi eux. Cette appréhension paraît amplement justifiée quand on compare la situation religieuse présente des Marranes à celle de leurs ancêtres au moment où la persécution sévissait le plus cruellement contre eux, au XVIe et au XVIIIe siècle. Il y avait alors une sorte de renaissance du judaïsme parmi les Marranes : elle était due à leurs relations avec les nouvelles Communautés de France — en particulier celles de Bordeaux et Bayonne — où des rabbins dûment qualifiés enseignaient le judaïsme traditionnel. Les Marranes de ces villes, et même ceux de Londres, vinrent fréquemment au Portugal, où ils cultivaient les relations familiales et commerciales ; ils en profitèrent sans aucun doute pour initier sur place les crypto-juifs aux doctrines et aux cérémonies que ceux-ci avaient oubliées. En tout cas, le marranisme de cette période se rapproche du judaïsme orthodoxe autant que le permettaient les circonstances. La doctrine juive était parfaitement comprise ; bien que la liturgie fût presque uniquement basée sur l'Ancien Testament et les Apocryphes, le résultat avait de quoi satisfaire largement leurs besoins de fêtes et de jeûnes nombreux et d'autres commémorations de joie, de deuil, qui figuraient dans leur calendrier. La circoncision elle-même ne leur était pas inconnue. On en rapporte un cas à Covilhão en 1579. Un Marrane, cité comme témoin dans le procès Robles à Londres, en 1655, déclara, au cours de sa déposition, qu'il avait été circoncis à Lisbonne en 1633. On trouverait d'autres cas de ce genre dans les archives de la Communauté israélite de Bordeaux jusqu'en 1706 et 1709.

Il a survécu bien peu de chose de tout cela chez les Marranes d'aujourd'hui. Rien ne m'a permis d'établir qu'ils aient quelque conception précise de la doctrine et de l'éthique juives et il est certain qu'ils ne connaissent rien de l'histoire du judaïsme en dehors de la Bible et de quelques récits de l'Inquisition. Ils observent encore le Sabbat, la Pâque et le Jour du Grand-Pardon, mais ils ignorent les autres fêtes du calendrier juif. Ils ont totalement oublié la circoncision, l'abatage rituel et les lois alimentaires. D'autre part, quelques-unes de leurs cérémonies, en particulier les services funèbres, paraissent étranges à des juifs venus d'autres pays. Quant aux prières encore en usage, elles n'ont aucun rapport avec la liturgie hébraïque et elles sont toutes en portugais ; elles sont, en outre, bien moins nombreuses et moins étendues que celles qui étaient couramment récitées en 1684. La raison en est certainement dans l'état d'ignorance de la plupart des Marranes modernes et dans la nécessité qui en résulte de la transmission de ces prières par voie orale. Ce rôle est dévolu aux vieilles femmes. Ce sont elles qui les connaissent et les récitent aux réunions du Sabbat, à la célébration de la Pâque et du Grand-Pardon. Elles transmettent ces prières et la connaissance des cérémonies religieuses à leurs filles et c'est principalement par ce moyen que le marranisme s'est maintenu. Bien qu'il y ait beaucoup de superstition dans cet étrange judaïsme et que l'indifférence religieuse fasse journellement des progrès, il ne faudrait pas croire que les Marranes soient dépourvus de toute conscience juive. Au contraire, on constate souvent chez eux une véritable fierté à se réclamer du Peuple d'Israël.

Leur condition sociale diffère beaucoup de celle qu'ils avaient au XVIIIe siècle. J'ai dit plus haut que leur nombre a grandement diminué. M. Schwarz estime qu'il en existe 10.000 familles. Ce chiffre est ou trop élevé, ou trop bas. S'il s'applique uniquement aux Marranes proprement dits — à savoir aux néo-chrétiens qui observent encore en secret une forme du judaïsme — il est fortement exagéré. Mais s'il englobe aussi ceux des néo-chrétiens qui, sans pratiquer le judaïsme, ont conscience de leur origine juive et commencent à manifester un intérêt intelligent pour le judaïsme, il est probablement au-dessous de la vérité. Voici une liste des villes où on en trouve: Belmonte, Covilhão, Fundão, Castelo Branco, Idanha, Penamacor, Bragance et Monsanto, M. Schwarz affirme, en outre, que plusieurs villages de Traz-os-Montez, à proximité de la frontière espagnole, sont entièrement habités par des Marranes.

Cette population appartient, pour la plus grande partie, à la petite classe moyenne ; il y a toutefois parmi elle quelques commerçants et industriels aisés. Comme c'est le cas pour la masse de la population portugaise, les Marranes sont, dans l'ensemble, des illettrés. Bien qu'ils aient, comme tous les néo-chrétiens du pays, le type juif, ils ne sont pas, dans leur généralité, de pure race juive. On peut le constater par les documents des procès de l'Inquisition, où l'on s'appliquait avec le plus grand soin à indiquer, sur la base d'enquêtes généalogiques, la « qualité de sang » des Marranes prisonniers. Jusqu'à la fin du XVIIIe siècle, ces procès attestent qu'une large proportion des prisonniers — près de 50 % — étaient de sang mêlé et que nombre d'entre eux étaient des vieux-chrétiens sans mélange de sang juif. Les Marranes actuels sont les descendants de cette population ; mais il est probable, étant donné les différences de condition qui prévalent depuis 1821, que les mariages mixtes avec conversion au judaïsme ont cessé dès lors. Depuis 1910, une forme plus dangereuse de mariages mixtes s'est introduite parmi les Marranes. Sous le régime du mariage civil, la question de la conversion au judaïsme n'a pas besoin de se poser — et elle ne se pose pas ; le Marrane demeure ainsi libre d'opter pour le laïcisme. Cependant, la coutume de célébrer les mariages à l'église se répand de plus en plus, et, au cours d'une rapide visite que j'ai faite aux familles marranes dans le Bas-Beira, je n'en ai presque pas rencontré qui n'aient pas pratiqué le mariage religieux. Il apparaît bien nettement que, quoique de type physique juif et de religion juive, les Marranes se sont par ailleurs complètement assimilés à la population ambiante. Leurs manières posées, leur flegme, contrastent singulièrement avec la vivacité, l'activité remuante de certains juifs étrangers qui séjournent occasionnellement au milieu d'eux. C'est ainsi que, les jours de marché, par exemple, nombre de juifs polonais viennent dans les villages offrir leurs marchandises ; il est amusant de constater la différence entre leur volubilité, leur assurance et la manière d'être placide de leurs coreligionnaires portugais.

A côté des Marranes actuels, il y a au Portugal, disséminés par tout le pays, un nombre considérable — mais sur lequel on n'a pas de précisions chiffrées — de descendants de néo-chrétiens qui ont récemment témoigné d'un intérêt marqué pour leur origine juive et d'un désir de connaître davantage le judaïsme. Pour la plupart, ils appartiennent à une classe sociale supérieure à celle des Marranes ; il y a parmi eux des négociants, des industriels de marque, des fonctionnaires. La Révolution les a émancipés de la tutelle de l'Eglise et comme ils sont, en général, bons républicains et anticléricaux, ils ont donné dans le pur laïcisme. Le mouvement de renaissance juive qui s'est produit récemment les a cependant amenés à réfléchir. A Covilhão, j'ai rencontré un riche filateur, d'âge avancé et qui se souvient que son grand-père observait encore secrètement le jeûne de Guedalia et le jour du Grand-Pardon et insistait auprès de ses petits-enfants pour qu'ils suivissent son exemple. Rappelé à ces souvenirs au soir de la vie, il n'a pas de plus vif plaisir — et les trois générations de sa famille s'associent à lui — que de s'asseoir aux côtés de l'homme de persuasion qu'est M. Schwarz. D'autres n'ont pas le souvenir d'une enfance marrane, mais savent seulement qu'ils sont des néo-chrétiens d'origine juive et que leurs ascendants ont subi le martyre pour leur foi. Dans bien des cas, cela a suffi pour éveiller en eux de l'intérêt pour les choses juives. J'ai rencontré une personne de cette catégorie à Guarda : c'est un haut fonctionnaire. Un jour lui était tombé entre les mains un petit livre d'essais intitulé : « Israël », et qui a pour auteur M. le professeur Benarus, actuellement secrétaire de la Communauté de Lisbonne. La lecture de cet opuscule réveilla en lui la conscience juive et, comme il l'écrivit à M. Benarus, elle lui fit sentir « l'obligation morale de faire connaissance avec les traditions, l'histoire, les croyances, les persécutions et l'œuvre des juifs ». Une collection de livres fut mise à sa disposition et, lorsque je m'entretins avec lui, il lui était difficile d'aborder un autre sujet de conversation. Il est intéressant de reproduire ses propres paroles pour situer son point de vue : « Je ne suis pas, et je ne deviendrai sans doute jamais un croyant, un observateur de la religion mosaïque ; mais j'éprouve chaque jour davantage une compassion, une sympathie profonde, un sentiment d'intense solidarité pour la race juive, l'éternelle victime. » Il est probable que ce sentiment est largement répandu au Portugal.

Telle est, esquissée à grands traits, la situation religieuse et sociale des Marranes et semi-Marranes du Portugal au sujet de qui la Communauté israélite de Lisbonne a fait récemment appel à nous. Le problème qui se présente à nous peut désormais être posé brièvement comme suit :

Tout d'abord, que peuvent entreprendre les juifs du monde pour arrêter la décadence et prévenir la disparition de ce groupement juif si profondément intéressant ?

En second lieu, qu'est-il possible de réaliser en vue de reconstituer éventuellement une communauté juive organisée, digne des grandes traditions dont elle est l'héritière ?

Avant de répondre à ces deux questions, deux observations préliminaires s'imposent.

La première, c'est que les Marranes eux-mêmes ne se sont pas adressés à nous, ni, que je sache, à la Communauté de Lisbonne. En dépit de l'intérêt pour les choses juives qu'a éveillé en eux l'admirable et enthousiaste énergie de M. Schwarz, il n'en est pas plus de trois ou quatre qui aient manifesté le moindre désir de rentrer dans la synagogue. En ce qui concerne les Marranes proprement dits, cette abstention s'explique par leur singulière conception, dont nous avons parlé plus haut, que leur informe judaïsme secret est le seul vrai judaïsme. L'attitude, de tous points semblable, des semi-Marranes cultivés leur est sans doute dictée par des raisons familiales et sociales, par l'inexistence au Portugal d'un organisme quelconque pour accueillir les convertis, par la répugnance des adultes à se soumettre à la circoncision, et par une aversion générale pour un changement qui modifierait radicalement leur existence. Puis, s'il est vrai que la conscience juive de cette collectivité se soit éveillée et que plusieurs de ses membres aient même appris l'hébreu, il n'est tout de même pas encourageant de constater qu'un seul d'entre eux soit devenu effectivement juif et que trois ou quatre autres seulement aient manifesté le désir de le suivre quand les circonstances le permettront. Il est possible qu'on arrive à triompher de cette réserve par une meilleure initiation au judaïsme, par des moyens propres à faciliter les conversions. Ce sont là des points qu'il faudrait étudier si l'on voulait — et quand on voudrait — adopter des mesures précises en vue de ramener les Marranes.

La seconde observation a trait au caractère général que devraient revêtir pareilles mesures. Quoi qu'on entreprenne, il faut se garder d'une propagande bruyante et agressive. Aux yeux de l'Eglise, les Marranes sont encore, dans leur grande masse, ses enfants baptisés, et elle ressentirait avec amertume toute forme de propagande offensive aux fins d'une conversion au judaïsme. Sans doute — et des amis de Libonne ont insisté sur ce point auprès de moi — l'Eglise n'a plus de droits légaux en la matière, et les propagandistes juifs seraient largement protégés par le gouvernement et les partis anticléricaux. Mais cela même ne fait que mieux ressortir la gravité de la question ; la cause juive deviendrait une sorte d'apanage des ennemis de l'Eglise ; le ressentiment qui serait provoqué ne s'arrêterait sans doute pas aux frontières du Portugal et l'émotion soulevée ne manquerait probablement pas d'avoir sa répercussion à Rome. Cette opinion a été soutenue par des Portugais éminents et par des hommes distingués de Lisbonne dont la sympathie pour les juifs n'est pas douteuse. J'ai retrouvé, dans une courte visite à Madrid, l'écho d'une grande anxiété à ce sujet. A l'heure présente, l opinion publique est bien disposée pour les juifs en Espagne et au Portugal, et il n'y a nulle part le moindre symptôme d'antisémitisme. La presse cléricale et monarchiste de Lisbonne a donné, à peu d'exceptions près, des comptes rendus de l'ouvrage de M. Schwarz ; certains de ses organes l'ont même accueilli avec un sympathique intérêt. Il convient donc de procéder avec un tact extrême si l'on ne veut pas, en travaillant pour les Marranes, compromettre la situation présente, si favorable.

La seule proposition concrète dont nous soyons saisis relativement au problème marrane est celle de la Communauté de Lisbonne que nous avons mentionnée au début de cet exposé. Il s'agit d'un projet d'établissement, à Lisbonne, d'une école pour les enfants des Marranes. Comme Lisbonne est à environ 150 milles de la région marrane, il ne saurait être question que d'un internat. Aucun plan n'a été élaboré ; mais M. Benarus me disait que les frais d'installation seraient d'au moins 10.000 livres anglaises et qu'on aviserait ensuite aux moyens d'assurer l'entretien de l'établissement. Le projet part de l'idée qu'on ne saurait espérer voir des conversions se produire parmi les Marranes adultes et que la Communauté ne peut être sauvée que par ses enfants. A l'école de Lisbonne, ces enfants vivraient dans une atmosphère juive; en retournant au foyer familial, ils joueraient éventuellement le rôle de missionnaires auprès de leurs parents et amis. J'avoue que ce projet ne me séduit pas particulièrement. Il est coûteux ; le bien qu'on en tirerait, à supposer qu'il en résulte quelque bien, serait mince au point de vue de l'ensemble du problème marrane. Le nombre des enfants serait toujours relativement restreint. S'ils ressemblent à d'autres enfants, je ne les vois pas bien, après leur temps de scolarité, faire œuvre de missionnaires juifs parmi leurs aînés. En tout cas, le succès d'une école en tant que moyen d'arrêter le présent déclin du marranisme et de convertir les Marranes au véritable judaïsme me paraît des plus problématiques — et cependant c'est là une tâche que M. Schwarz déclare d'une extrême urgence. Plus tard, sans doute, une école sera nécessaire — peut-être même plus d'une — mais il faudra que cette nécessité se fasse sentir d'elle-même sur place ; elle devra être le résultat d'un effort missionnaire beaucoup plus compréhensif et mieux préparé, qui consisterait à s'attaquer au problème dans son ensemble.

J'ai déjà indiqué qu'à mon humble avis, tout projet qu'on adopterait devrait tendre, tout d'abord, à faire l'éducation des Marranes adultes, et en second lieu — comme conséquence naturelle — à leur procurer des facilités aisément réalisables d'entrer dans le giron du judaïsme. Leur éloignement présent est évidemment dû à leur ignorance ; mais, comme nous l'avons vu pour les semi-Marranes, la disparition de cette ignorance ne serait pas d'un grand secours aussi longtemps qu'il demeure nécessaire pour un prosélyte de faire un voyage au Maroc en vue d'être admis dans l'Alliance d'Abraham. Quand bien même ces facilités seraient accordées par Lisbonne, le voyage est long et onéreux ; d'autre part, il n'y a, ni à Lisbonne, ni nulle part ailleurs au Portugal, un organisme quelconque pour l'instruction et la réception des prosélytes. Une fois cet organisme créé, la partie éducative du projet pourrait, je pense, être exécutée plus facilement, car on ne conteste nulle part que les Marranes adultes soient animés d'un bon esprit juif et qu'ils constituent un élément plein de promesses pour une mission juive bien organisée.

Le plan que je me permets de soumettre à l'*Anglo-Jewish Association* et à *l'Alliance Israélite* consiste à créer, avec la Communauté de Lisbonne, une Mission juive à Oporto. Cette ville est deux fois moins loin que Lisbonne des centres marranes de Beira ; elle est beaucoup plus proche encore de ceux de l'est de Traz-os-Montez. Ce qui, davantage encore, me fait pencher pour Oporto, c'est qu'elle est le siège d'une petite communauté juive présidée par le seul Marrane qui, au cours des 150 dernières années, soit rentré dans la synagogue. Le capitaine Arthur Carlos de Barros Basto est un officier de l'armée portugaise qui, durant la grande guerre, a servi avec beaucoup de distinction sur le front anglais des Flandres. Son grand-père était un Marrane observant ; lui-même avait fréquemment visité la synagogue de Lisbonne en vue de s'y familiariser avec les principes et les cérémonies du judaïsme. Il apprit l'hébreu, et, après la guerre, il se rendit au Maroc, où il fut dûment introduit dans l'Alliance d'Abraham. Il fut ensuite nommé directeur des prisons militaires de la 3e Division, et, après avoir épousé une charmante jeune fille israélite de Lisbonne, il se fixa à Oporto. Il y fonda et y organisa une Communauté juive avec les dix-sept familles d'émigrants de l'Europe orientale qui ont établi leur foyer dans cette ville. De cette Communauté, il est à la fois le président, l'officiant, le trésorier, le secrétaire et la bonne fée. C'est un homme d'un enthousiasme et d'une bonté exemplaires ; après avoir procuré des emplois à tous ses fidèles, il veille à leur bien-être matériel et moral avec une sollicitude sans bornes. Les ressources dont il dispose sont malheureusement limitées. Sa synagogue consiste en une simple chambre ; il n'a pu jusqu'à présent se procurer un *Sépher-Torah*, à plus forte raison un terrain pour un cimetière. Comme il est lui-même ancien Marrane, il connaît la psychologie des Marranes mieux que quiconque parmi les juifs du Portugal, et je suis convaincu que s'il était doté des moyens nécessaires, il serait en mesure d'entreprendre avec grande chance de succès l'œuvre de mission dont j'ai parlé. Il ne pense pas, contrairement aux israélites de Lisbonne, qu'une action auprès des Marranes adultes doive être stérile ; il croit bien plutôt que s'il avait les ressources qu'il faut, il pourrait facilement, dans un délai de deux ou trois ans, amener à lui une centaine de Marranes. Sans autres moyens que son propre enthousiasme, il a déjà gagné quatre Marranes qui, pour l'instant, ne sont encore que des *prosélytes de la Porte*. L'un d'entre eux est président d'un Comité de placement de travailleurs juifs que le capitaine de Barros Basto a institué auprès de sa synagogue.

Je ne me propose pas de développer ici un plan détaillé de l'organisation de cette Mission, j'en indiquerai seulement les grandes lignes. Dans le domaine éducatif, on pourrait organiser des conférences publiques ; dans les villes comme Covilhão et Belmonte, elles pourraient avoir d'heureux effets, et, si elles étaient préparées avec le tact qui convient, elles attireraient même probablement un public non-marrane. Ces causeries seraient de pure information et embrasseraient tous les aspects de la vie juive. Elles pourraient aussi être combinées avec des offices et des cérémonies qui initieraient les Marranes à quelques-uns des aspects riants du véritable judaïsme. Il serait désirable en même temps de publier et de mettre en circulation un certain nombre de manuels en portugais traitant de ces questions et comprenant aussi un livre de prières établi d'après les plus anciennes *tefilot* portugaises. Un livre de ce genre produirait très certainement une grande impression sur les Marranes, qui auraient grand besoin d'additions nouvelles à leur collection de prières. Des ouvrages sur les doctrines et les cérémonies juives, des histoires populaires sur les juifs en général et sur ceux du Portugal en particulier contribueraient, dans une large mesure, à promouvoir un esprit juif mieux éclairé dans les foyers marranes. Des livres de ce genre en portugais ont déjà été édités par la *Jewish Colonization Association* à l'usage des enfants de ses colons du Brésil ; la direction de cette Société serait, sans aucun doute, disposée à coopérer avec la Mission proposée d'Oporto en la dotant d'exemplaires de ces publications et peut-être en assumant les frais des autres, qui auraient leur emploi utile aussi bien dans Traz-os-Montez que dans Rio Grande du Sud. En ce qui concerne l'autre forme de l'activité de la Mission — les mesures propres à faciliter le recrutement de prosélytes — il serait nécessaire de faire un effort réel pour assister d'une façon effective la petite Communauté du capitaine de Barros Basto. Il me disait qu'il était avant tout indispensable de construire une petite synagogue, d'acheter un cimetière, d'engager un rabbin et un *mohel*. Il pense aussi qu'une salle de lecture attenante à la petite synagogue contribuerait à faire œuvre utile. Tout cela, à son avis, n'entraînerait pas des dépenses énormes, et tout n'aurait d'ailleurs pas besoin d'être fait en une fois. Les autorités céderaient à bas prix le terrain destiné à un cimetière et la construction de la synagogue ne coûterait pas plus de 2.000 livres anglaises. Un rabbin connaissant l'anglais ou l'allemand pourrait accroître considérablement ses revenus en donnant des leçons particulières ; un médecin-mohel, pourvu d'un diplôme anglais, français ou allemand, acquerrait facilement une clientèle rémunératrice à Oporto et obtiendrait le diplôme portugais en un an. Le jour où un organisme de ce genre serait établi à Oporto, on aurait entre les mains, je crois, tous les éléments pour aborder avec succès le problème marrane. Ce plan n'exclut pas nécessairement le projet d'école de la Communauté de Lisbonne, s'il recevait un accueil favorable du public ; mais ma conviction est que, pour commencer, il faut créer quelque chose de beaucoup plus pratique. En tout cas, nous aurions à confier la direction du plan aux israélites de Lisbonne, et cela pour une double raison : c'est une œuvre de portée nationale pour les juifs du Portugal, et, en outre, la Communauté de Lisbonne possède en des hommes comme MM. Moïse Amzalak, le professeur Adolfo Benarus et M. Samuel Schwarz un groupe de savants juifs de premier ordre, qui sont très actifs et qui se consacreraient à l'œuvre pour son plus grand profit.

Mais quel que soit le plan adopté, il faut espérer que le public juif répondra rapidement et avec générosité à tout appel qui lui serait adressé en vue de sa réalisation. Il serait impardonnable que nous laissions ces survivances d'un glorieux passé dépérir irrémédiablement alors qu'il est temps encore de les recueillir, de reconstruire une communauté juive qui serait une source de force, peut-être même d'une nouvelle inspiration juive pour toute la maison d'Israël. De temps en temps, il nous est arrivé de nous enthousiasmer pour des groupements d'une origine juive plus ou moins douteuse, les juifs chinois de Kai-feng-fou, les Falachas d'Abyssinie, les juifs noirs de Cochin et les Daggatoun de Tombouctou. Ces Marranes, au contraire, sont très proches de nous ; ils font partie intégrante de l'histoire du judaïsme européen ; ils sont de la même famille que nos communautés *sefardites* de l'Europe occidentale et de l'Amérique ; ils sont les descendants d'hommes, de femmes qui, deux siècles et demi durant, luttèrent héroïquement pour la défense du judaïsme ; leurs coreligionnaires ne sauraient assez leur témoigner leur admiration et leur gratitude. Ils ont sur nous des droits que nous ne saurions renier. Si nous ne pouvons pas y satisfaire pleinement, ne ménageons pas, en tout cas, nos efforts

Le rapport qu'on vient de lire a été établi principalement sur la base d'informations que j'ai recueillies auprès d'obligeants amis du Portugal ; j'ai toutefois pu les compléter à l'occasion par les résultats de mes observations personnelles. Je dois des remerciements spéciaux à M. Moïse Bensabat Amzalak, le distingué président de la synagogue de Lisbonne, et à M. Samuel Schwarz, qui a découvert à nouveau les Marranes, et dont le livre savant et captivant à leur sujet est lu dans tout le Portugal. Ces deux Messieurs n'ont pas eu seulement pour moi les plus délicates attentions à Lisbonne ; ils m'ont encore accompagné dans ma visite à la région marrane du Nord et m'ont aidé à voir et à apprécier bien des choses qui, sans eux, fussent demeurées lettre morte pour moi. Je dois au professeur Benarus beaucoup de renseignements précieux et d'obligeants services. Ma reconnaissance va encore à Sir Lancelot Carnegie, l'ambassadeur britannique, pour sa bienveillance, ses sages conseils et son concours empressé ; au premier ministre et au Président de la République, qui m'ont réservé le plus courtois accueil et m'ont donné l'assurance de leur profonde sympathie pour notre projet relatif aux Marranes. Le chef de l'Etat, qui, au cours d'une très agréable causerie d'une heure et demie, examina avec moi toutes sortes de questions d'intérêt juif, conclut l'entretien par ces mots : « Si, à un moment quelconque, vous éprouviez quelque difficulté dans l'exécution de votre plan d'assistance à nos israélites, n'hésitez pas à m'en écrire. Vous pouvez être assuré que je ferai tout ce qui sera en mon pouvoir pour vous aider. »

IMPRIMERIE FRANÇAISE
(Maison J. DANGON)
123, rue Montmartre, 123
PARIS
GEORGES DANGON
Imprimeur

www.ingramcontent.com/pod-product-compliance
Ingram Content Group UK Ltd.
Pitfield, Milton Keynes, MK11 3LW, UK
UKHW021041260726
13994UKWH00005B/2303

9 782329 205038